목공의 지문

숨시선 03

목공의 지문

허화석 시집

신아출판사

| 차례 |

제1부

고추잠자리의 비상 11
가을 끝의 기다림 12
가을 연서 14
갈매기 16
거미의 노래 17
광대 18
공벌레의 삶 20
그대의 봄 21
그대 그리운 사람아 22
목공의 지문 24
그림자와 나 26

제2부

꽃무릇 피면 29
꿈 30
낙타 등 손바닥 32
너를 만나기까지 33
남겨진 생에 보물찾기 34
노공의 물레 36
눈꽃 다리 37
노동 시인의 굴레 38
노란 은행잎 40
노을빛 물들인 연꽃 42
눈 속에 붉은 실개천이 흐른다 44

제3부

단풍	49
눈물에 베인 마음	50
늦은 밤 소낙비가 지나간다	52
달항아리	54
까치밥	55
달빛 손목시계	56
달빛 창가에 묻어둔	58
무화과	60
미리내 다리 위에서	62
반야의 미소	64
목련꽃이여	66

제4부

백수 해안 도로	69
버려야만 하는 그리움	70
별리	72
베갯잇 그리움	74
복욱한 봄날에	75
봄비	76
봄소식	77
부활	78
불 깡통	79
붉은 사랑	80

제5부	비 오는 거리에서	83
	빨간 등대	84
	삶	85
	상처에 젖질 않았네	86
	생의 암로	88
	샹그릴라에 뜬 무지개를 찾아서	89
	석류 빛 하늘이	90
	소금꽃이 발아 한다	91
	시간 꺼우기	92
	신께 드리는 기도	94

제6부	아람	99
	아버지의 등	100
	아쉬움은 물처럼 흘러가고	102
	애벌레의 꿈	103
	누에 하늘을 날다	104
	어머니의 바다	106
	이별을 준비해 두겠습니다	107
	얼음 장미	108
	어머니의 봄	110
	여름 한낮	112

제7부

이슬로 피어난 목련　115
인연　116
자벌레　118
조약돌　120
커피 너에게로　121
코스모스길　122
팔베개　123
파랑 앵무새　124
편백나무 숲　126
풍경소리　128

제8부

하늘 과일　133
하늘 다리　134
한 번만이라도　136
해동청 붉은 장미　138
해당화 피는 거리에서　140
현장에도 봄　141
확굴　142
황금 보리가 익어 간다　143
회귀하는 연어　144
연등이 걸어간다　146
후회라는 걸 아는 지금　148

시인의 말　151
해설　155

제1부

고추잠자리의 비상

청록의 수초들이 하늘거리고
호숫가에 비친 햇살은 찰랑이는 물결에
빛을 내고 있다

물밑에선 생에로의 초대
유충들이 막 알에서 깨어나
찬란한 비행을 꿈꾸고 있을까?

꽃이 피고 질 때에도 생사를 넘나들고
또 다른 모습으로의 부활 성충으로
하늘을 날아갈 준비를 한다

수없이 생사의 갈림길을 버텨온 축복
그럼에도 끝나지 않는 고통과 시련의 연속은
제 어미가 그랬듯이

고추잠자리 한 마리가 눈물겹게
푸른 들판에서 서툰 날갯짓을 파르르 떤다.

가을 끝의 기다림

들녘,
하얀 목각 인형은
커다란 날개를 펼치고 있어도
하늘을 날 수가 없다

낙엽의 발등을 묻고
땅에 꼿꼿이 세워
고개 숙인 낱알들을 바라본다

긴 줄 끝에 매달린 솔개는
바람을 등에 태우고 그네를 탄다

고독,
그것은 들녘 칼날 위에서 춤을 추듯
옹그린 모습으로 하늘을 본다

지난한 세월을 허공에 붙들고
한잎 두잎 흔들리는 낙엽은

날지 못하는 허수아비에게
하늘 높이 오르는 꿈을 꾸게 한다.

가을 연서

밤새 날개 치는 소리조차
슬픈 눈물이 되는 밤
창문 가득 내려앉은 별빛이
그리움의 너울 파도를 탄다

이러한 밤이면
표표히 흩날리는 낙엽에
그대 향한 연서를 적어
빨간 우체통 앞에서 두 손을 모은다

수취인 불명이라는 소인은
가슴에 낙인으로 찍힌다 해도
연서에는 이렇게 적는다,
어젯밤 꿈속에서 그대를 보았노라고

거리에 흩날리는 낙엽보단
차라리 제 몸을 벌레에게 내주어
구멍 숭숭 벌레 먹는다 해도,

바람의 소리를 듣는 잎새에 빌며
아기 새 어미의 날개 아래서처럼
그대 곁에서 숨소리를 듣고 싶다.

갈매기

뱃고동을 들썩이는
갈매기들 울음소리
옥빛 물결 잔잔히 미소 짓고

부두에 정박 중인 갑판 위,
펼쳐진 광주리 안에 물고기를
바라보는 갈매기 눈빛이 빛나고 있다

암호 같은 경매사들의
손짓에 새벽이 열리고
물고기를 도둑질하는
갈매기와 어부의 눈빛이 뜨겁다.

거미의 노래

거미는 노을 불의 섶을 옮겨
조금, 조금씩 숲이 타들어 가는
지난날의 기억도 함께 끌고 간다

가을 잎새는 마지막 이슬
마지막 눈물 한 방울을 토해내고
숲길에 숨을 놓는다

거꾸로 매달린 거미가
한 줄 한 줄 현을 타듯
사뿐히 그 너머를 넘어

숯 물들인 손으로
하늘에 별과 달을 걸어둔다.

광대

광대의 삶으로 추억을 주우며
눈을 감으면 손에 잡힐 듯
향수를 달래는 듯

탈 쓴 광대의 외 줄 춤사위
온몸으로 게워 내는 도포의
소맷자락이 펄럭인다

나는 삶의 한복판에서
한 발로 광대춤을 춘다

얼굴마저 가린 채
하늘 줄에 발을 걸어두고

점점 빨려드는 무아지경
관객 하나 없어도
온몸에 흘러내리는 눈물

발끝으로 도으는 혼신의
춤사위는 끝날 줄 모른다.

공벌레의 삶

비에 젖은 꽃잎 하나
별을 닮은 댕강나무 꽃잎이
물기를 털어내는 시간

낯선 이의 발소리에 놀란 공벌레는
생을 지키려는 애틋한 몸짓으로

제 몸을 돌돌 말다가 그러다가
발은 땅바닥의 소통을 하려
만유의 질곡 같은 세상을 향하여
종종걸음을 떼고 있다

움츠려진 내 어깨너머로 잘도 걸어간다.

그대의 봄

발 없는 앉은뱅이 의자에 앉아
작은 새의 날개깃 바람이 일면
나는 창밖을 바라본다

유리창에 비친 가로등 불빛을 보면서
봄 얘기를 듣는다

그대 봄 그윤 얼굴엔
잇몸 살프시 드러낸
재스민 향처럼 부드러운 미소가
내 심장을 뜨겁게 달구어
불꽃 가슴으로 피어나게 한다

식어버린 커피도
봄 향기 닮아 달달 한맛
잠들지 않는 밤 훈풍이 밀려드는
그대 부드러운 별빛 미소가
행복 가득한 나의 밤이 된다.

그대 그리운 사람아

짙은 구름 사이로 보이는 붉은 노을 아래에서
그대라는 이름만 들어도 가슴이 아려옵니다

그러한 지금 밤바다에 발을 담그면
밀려오는 작은 파도가 발목에 스치며
조개껍데기들의 아련한 추억을 쏟아 놓는
외로운 섬 하나

찻잎 향기보다 그윽한
그대의 사랑 그대의 미소는
같은 하늘 아래에 살면서도
그 깊이를 알지 못하였습니다

때론, 나의 모진 말이 비수가 되어
얼마나 아프게 하는지도 알지 못하였습니다

함께 걷던 길에 꽃비가 내려도
행복이라 말하지 못하고

그 길에 들꽃이 만발하여도
행복의 웃음은 얼어 버렸습니다

사랑이 사랑인 줄 모르던 천치
천추의 한은 때늦은 후회라는 것을
그대가 떠난 뒤에야 알았습니다

상흔은 영혼의 가슴속에서
떠나지 않는 감옥의 사슬 같은
삼라만상에 갇혀있는 사내는
그리움에 울부짖으며 가슴이 아려오네요
그리운 사람아! 나 그대를 사랑합니다.

목공의 지문

지문을 잃어버린 내 손가락을 보아주는 누나,
삶의 등짐을 대신할 수 없음에 기도로 달래주며
울컥거리는 가슴을 쓸어안고

햇살에 타들어 가는 호흡마저 멈추게 하는
망치 잡은 손은 굳은살로 더께 가도
쇳덩어리는 화상을 입히기 충분한 수은 온도다

굽힌 허리는 펴질 줄 모르고 핀 하나 줍는 손마저
헛바닥으로 먹이를 찾는 개미핥기처럼 느리기만 하다

등골을 타고 흐르는 땀이 멈춘 곳엔 붉은
반점의 군락지가 된다

높이 오르다 헛디딘 발이 허공을 맴돌다가
땅바닥으로 떨어졌다

한쪽 눈으로 하늘을 올려다볼 수밖에 없어도

편히 쉴 수 없는 슬픈 웃음소리,
일이 끝나면 빨간 코팅 피막을 벗은 손가락
끝마디가 슴을 쉬고 선홍의 손톱으로 물든다

하얀 꽃등이 점등되면 개미들의 하루를 연장하고
제 몸의 빛을 깎아 먹은 별똥별은 대각선의 한 획을
그으면서 흔적조차 남기지 않고 사라져 버린다

한 걸음 한 걸음 놓을 때마다 삐걱거리는 연골들
닳아져 가는 고통의 날들, 어쩌면 불리 법문을 듣는
돋보기 없이는 한 글자도 볼 수 없는 엄니 같은
누나의 슬픈 얼굴을 보아야만 한다.

그림자와 나

피아니스트의 선율을 따라
지붕 위의 별이 또각또각 내려온다

길가에 꽃으로 살아가는 코스모스가
긴 세월 써내려 온 일기장을 가슴에 품은
사내의 긴 그림자를 바라보고 있다

잘 살았든지 못살았든지
다른 꽃을 보는 나를 시기할 뿐이라고
꽃이 내게 말을 걸어온다

너의 나르시시즘을 버리고
온전한 그림자 속의 너 자신을 보라고 한다.

제2부

꽃무릇 피면

꾸르륵 비둘기 울어대고
꽃무릇 피고 지는 가을이 오면
더듬이 손 내밀어 더듬거려 보지만
손에 닿는 것은 추억뿐입니다

꽃이 보이면 잎을 볼 수가 없고
잎이 피어나면 꽃 그대가 보이지 않아요

상사화 꽃말 같은 그런 사랑을 하였어요

미움보다 원망이, 원망보다 큰 사랑이
아직은 내게 남아 있는가 봅니다

가을이 오면 나는 산 들에서 꽃무릇을
당신 생각하면서 사진에 담아냅니다

상사화를 추억에 가두어 두는 것은
그리움에 대한 위로를 받고
먼 훗날에도 당신을 기억하기 위함입니다.

꿈

구름이 가려진 천백 고지 산봉우리
안개가 내려온 계곡은 은하수가 되어
건너고 싶은 생각을 하는 곳에서의
군인이었던 나는, 꿈을 꾸기 시작하였습니다

휴식의 시간에는 작전일지 이면지에
마음 가득 담긴 글을 썼습니다

세상은 나에게 꿈을 꾸지 말라 하고
날개를 접어 평범하라 하였습니다

결혼하고 애들을 낳아 기르면서
하늘에 구름이 있었는지
땅에는 꽃이 피었는지도 몰랐지요

삶은 꿈을 잃어버린 가슴은 멍이 들고
뭉개어지고 애들은 둥지를 떠나고
문득 내게도 꿈이 있었다는 걸 알았어요

슬플 때는 가랑잎에 눈물의 편지를 쓰고
괴로워 잠 굿 이루는 밤에는 발버둥 치다가
떠오르는 시어들은 시인이 되라고 합니다.

낙타 등 손바닥

흙먼지 일으키며 달려가는
사막의 낙타 등을 닮은 손바닥과
더딘 손가락의 걸음걸이

손 등 위로 멈추지 않는 염분의
결정체를 분출하는 분화구가
또렷하게 입을 벌렸다

석빙고의 한기를 품고 내린 서릿발을
생각 속에서 그려내다가
북쪽 바람과 조우를 기원하며,
마음은 어느새 동쪽 하늘로 향하는
푸른 바다 밑 그리움에 빠져든다

대왕 벌이 서산의 자줏빛 햇살을
입에 물고 녹황색 백합나무 꽃잎에 앉아
꽃 수술을 물들여놓으면
낙타 손바닥의 고된 하루도 서산을 넘는다.

너를 만나기까지

불갑산 연실 봉의 그림자를
등에 지고
검은 하늘에서 떨어진
물방울을
스스로 털면서 살아야 했다

바람이 밟고 가는 낙엽 소리는
큰 북소리처럼 귓전을 마구 후볐다

순백으로 빚어낸 달빛 그림자를
가슴에 새기고 혹여나 그대가 빛을
따라오기단 빈 하늘에 새기고,
향기 가득한 그리움 안고서
쓸쓸한 꽃으로 피웠다

나는 너를 찾아 너를 만나기까지
꽃무릇을 머리에 이고 살아야 한다.

남겨진 생에 보물찾기

사라져 간 목화밭을 그리워하고
스스로 꼬리를 잘라버린 도마뱀처럼
아픈 상처가 회복되기를 기다리며
회상의 날을 뒤돌아본다

우리는 남겨진 시간이 비록 짧다 하여도
사랑하고 고마워해야 한다

꽃잎의 아름다움을 보고
향기를 맡으며 노래를 부르듯이
슬픔 일지라도 남은 시간 앞에
엄숙해져야만 한다

썰물이 되면 잿빛 바다에 얼굴을 묻고
넓은 도포 자락의 끝을 붙잡는다

작은 구멍 하나에 생명의 동화 줄을 매달고
다시 돌아올 밀물의 시간을 그리워한다

옆에만 있어도 좋은 것처럼
종종 날갯짓으로 뒤를 따르고
늘 눈가에서 맴돈다

그러다 어둑이 내리면 의지할 곳을 찾아
두려움을 삭이려 누군가의 곁에 누워서
심장 소릴 듣는다.

노공의 물레

물레가 돈다
한 손에 베 보자기 곱게 감아
발아래 차인 물레가 돌아간다

이른 새벽 댓바람에 흙바닥 깔고
방망이질 두들김에 오르고 또 오른다

하늘로 솟아라, 지평선까지 퍼져라

노공 살갗 벗겨진 손이
아릿한 피멍 섞어 빚어낸 커다란 옹기는
가마의 뜨거운 입김 속에서 태어난다

어린 아들 옹알이가 옹기 속 메아리들이
어느덧 그 아들이 장가가 손주 안고 왔건만
물레 차는 노공의 허리는 땅바닥에 붙어있다.

눈꽃 다리

벚꽃 떨어진 홀로의 길을 따라
걸어 다다른 눈꽃 다리
혼탁하게 흐르는 상념에 마음 강을 본다

번민,
순간의 찰나에도 수없이
생겨나는 회오리바람 같은
삶의 형국은 가시 같은 인생
새벽 여명이 싫다지만
현장에서 웃고 있는 나

웃고 있어도 웃지 못하는
현실의 삶은 비겁하게 도망치고 싶은
날의 연속이다

처절한 비명의 소리는
울분을 토하고 분토 된 슬픔의 고름이
강물 되어 흐르는 마음을
눈꽃 다리 위에 올려놓는다.

노동 시인의 굴레

하늘 끝으로 바람개비가 날아올라
바람꽃을 피워 주기를 기다리는 시간
염전을 온몸에 두르고 절여지는데

짠 물방울에 두 눈은 따갑고
눈은 가물가물해지고
민소매와 토시의 경계선은
숯검정으로 변색하여,
분단의 화마가 긁히어도
포탄 속에서도 살아야만 하는 절박한 현실

반쯤 뜬 눈에 보이는 잠자리 한 마리가
들꽃에 앉아서 지친 몸을 쉬어 가고 있다

언어가 끊어졌다가
두 눈엔 낙뢰가 떨어지고
심장은 천둥소리로 가득한 삶의 현장

태양 빛에 지친 가로등 불빛이
내 어깨와 나란히 걸어가면서
내일을 위한 시어를 길어내며
비로소 행복이라 말하는 나.

노란 은행잎

밤은 뜨고 지는데
고혹한 자태로 핀 하얀 장미꽃은
숨결 마디마다 아린의 비늘 조각처럼
살포시 는개 향을 내리어 준다

식어버린 마음을 포근히 감싸주는 밤
한잔의 차향에 심중에 남아있는
그리운 그림자 하나를 꺼내어 본다

책갈피 속엔 노란 은행잎 하나가
그대를 대신하며 떠난 사랑은 돌아올
줄 모르는데,

그렇게 밤은 깊어만 가고 흔들리는
요령 소리가 잠든 내 맘을 깨워준다

마음에 빗장을 걸어두고 살아온
수 세월 별을 볼 수가 없었다고

푸념하는 젊은 친구의 등 뒤로
밤하늘에 반짝이는 별들의 대화가
빛을 발한다

쓰디쓴 세월은 한 잔의 술을 마시고
책갈피에 꽂아 둔 노란 은행잎 빛을
갉아먹고,
잡으려면 브서질 것만 같아서
두 눈을 감고서 가슴으로만 바라본다.

노을빛 물들인 연꽃

나의 옛이야기를 들려주던
하늘빛이 노을 속에 물들어가고
노을빛은 연 방죽 위에 머물러
꽃망울 하나를 터뜨렸습니다

노을빛 연잎은
검정 까마귀의 울음소리에도
물들이지 않고 노을빛 사랑의
하늘만 물들여놓았습니다

얼마나 오랜 시간을 기다려왔던가,

험한 세상 어지러운 날
동자개나 버들치가 살지 않아도
너 하나의 모습만으로도
너는 백로의 쉼터가 되어 주는
꽃이 되었습니다

그대여,
별이 유난히 밝은 달빛 아래에서
오늘 난 연잎에 사랑의 향기를 날리고
꽃대엔 노을빛 사랑의 리본을 걸며
꽃봉오리엔 촛불 하나를 밝혀두렵니다

노을빛 사랑 가득한 하늘빛 연잎 타고
내게로 와 주었으면 좋겠습니다.

눈 속에 붉은 실개천이 흐른다

붉은 장미는 제 가시에 찔린 아픔으로
활인 꽃이 되어 태어났다

정수리에 돋보기 하나를 얹어 놓았는지
햇살이 내려와 검정 색종이를 태운다

하얀 연기가 피어올라
동그라미 해의 무리를 그려 놓았다

힘이 들 땐 하늘이 지척에 있고
얼음물은 순간에 머무르다가
접두어를 잃어버리고 맹물이 되어 버린다

뙤약볕 하늘은 숲속에 우는 새들의
노랫소리마저도 굵은 빗방울 소리를
연상케 한다

무너진다, 그리고 서러운 노래를 부른다
지난날의 향수가 재스민 향처럼 다가온다

두엄에 싹을 틔운 호박 덩굴이 아슬하게
초가지붕 위에서 소년이 꾸는 꿈을 이야기한다
뒤란 뜰에 만들어 놓은 화덕 앞에서는

풀무도 없이 장작불을 피우는 어머니의
풀무 입바람이 인다

매서운 솔잎 연기에 두 눈을 감았다
붉은 꽃을 피워 춤을 춘다

화덕에 걸린 솥단지 안에는
잘 익은 감자가 제 몸에 분을 바르고
켜켜이 옷 입은 옥수수는 수염을 턴다

이제 와서 추억의 강가에서
그리운 상념에 빠져 보지만
한 겹 또 수억 겹을 벗어던지고,
비 내리는 거울 속에서 붉은 실개천이 흐르는
눈을 가진 한 남자가 내 앞에 서있다.

제3부

단풍

붉은 포도즙는 입술을 지나
뜨거운 목 넘김을 하고
섬세한 혈관까지 충만하게 물들여
붉은 단풍잎으로 젖는다

꽃물에 젖은 시인은
가지 끝에 펜을 잡고
가을날 햇살 성긴 이면지에
알알이 시어들을 채워 놓는 순간
시인의 손바닥에 불이 확 붙는다.

눈물에 베인 마음

산사에 핀 들국화 사이로
애잔한 시냇물이 흐를 때
세월의 휘파람 소리는 그리움이 쌓인다

뒤돌아서 걷는 발자국
발걸음이 점점 멀어질수록
멍든 가슴만 선명한 자국으로 남는다

흘린 눈물 끝 베인 상처는 마음만 아리다
별이 숨었다, 비가 내린다

한때는 뜨겁게 내리쬐는
뙤약볕을 피하려 그늘진 곳을
찾기도 하였지만 이젠 달구어 줄
그 무엇이 없어서
아린 심장을 부여잡아야 하는지,

또 무슨 까닭으로

이렇게 쓰라린 길을 가야만 하는지
내 눈물자국에 베인 마음의 상처는
그리움으로 남아
스스로 올무에 묶여 헤매는 생은

초립의 끈이 풀려 있어도
내일은 나에게도 찾아올
그 무엇을 위해
마음의 문을 열어 놓아야 한다

낙엽 밟는 소리 눈물에 베인 상처는
피 흘림이 없어도 아프기만 하다.

늦은 밤 소낙비가 지나간다

꿈을 그리는 사내가 혼자만의
사색에 빠져있다

거울이 얼굴을 어루만져 주고
새들도 눈을 뜨지 않는 시간에
밥사발에 숟가락 노를 젓는다

강렬한 햇살이
귀밑머리에 걸리면 희뿌연
염전이 밭을 이룬다

사내의 몸은 소금물을 흠뻑
토해 내고 늘 검붉은 장미꽃 몸이
피고 지기를 반복한다

망치 소리 들리는 골수 아픈 현장
머리에 쓴 불빛은 밤을 재촉하는
낮달이 형틀 앞에서 빤히 쳐다보고 있다

더듬이 손과 촉수를 곧추세워 핀
하나를 찾으며 사랑 노래를 불러야 한다

너를 위해 추상같은 나의 시간은
늦은 밤 창밖으로 소낙비가 지나간다.

달항아리

콩대가 타서 남긴 재
잿빛 유약 곱게 바른 달항아리
손가락 끝을 타고 흐르는 소리는
고즈넉한 산사의 바람이 지나가는
풍경 소리처럼 청아하다

투박한 둥근 얼굴이
장인의 손놀림으로
난초 한 폭이 그려지니
정감 어린 사랑받고 싶은
내 마음 같아라

고운 빛깔 탐스러운
둥근달 항아리는
뉘 집 장독대에서
햇살 눈비, 바람맞으며
도공의 추억으로 숨을 쉴까.

까치밥

커피 향이 입안에서 사라지기도 전에
현관문을 열 때 전자음을 토해낸다

안개비는 심장에 내려앉고
운전대를 잡은 손엔 간밤 꿈에 보았던
엄마의 모습이 걸려있다

찐 감자를 손에 든 가슴 아린 미소는
그럼에도 까치밥이라며 앙상한 가지에
남겨두었던 사랑을

손안에 잘 익은 홍시 하나를
접시에 살포시 담아 한 겹씩 벗겨내어
놋수저에 올려 아기 입에 넣어 주신다

서풍을 타고 어머니의 사랑은
차창 가득히 뿌옇게 아롱지며
까치밥마저 석양 하늘을 제 몸에 둘렀다.

달빛 손목시계

창호지 문살에 아침 햇살 스며들면
아버지의 손목에도 째깍째깍
낡고 오래된 시계가 눈을 뜬다

아버지는 가망, 가망 시계에
밥을 주고 감긴 태엽은 아버지의 시간

나도 그런 시계가 있었으면
얼마나 좋을까

어느 날 누나는 그런 동생에게
시계 하나를 건네었다

소리 없이 부드럽게 돌아가는 초침
신기해서 부러운 친구들이 보고 또 본다

밤이 되면 손목시계는 방안에
달빛을 내린다

반짝반짝 나의 손목은 달빛
아름다운 동그라미가 그려졌다.

달빛 창가에 묻어둔

지축을 뒤흔드는
어머니의 디딜방아 소리와
빈 뜨락에 꽂힌 아버지의 지팡이

개벽,
아버지는 대나무밭
우물물 한 바가지를
얼굴에 축이시고
머리까지 곱게 빗으셨다

오늘은 장날이다

어머니의 손등 위로
자식들이 밟는 엇박자 디딜방아
뒤란 모퉁이의 붉은 모란이
아침이슬 함지박 가득 떨구었다

장엘 가셨던 아버지는 지팡이를

하늘에 던지고
어머니는 아버지의 지팡이를 찾아
빈 하늘을 뒤지며 바라보셨다

지금 나는
달빛 창가에 묻어둔
허공에 메아리 소리와
디딜방아 소리를
온몸으로 긁어모은다

깊은 산 계곡의
옹달샘 하나를 쏟아부으며.

무화과

우리들의 슬픈 이야기는
동맥을 자를 만큼
아파해야만 했고
붉은 물감 드리운
서쪽 하늘은 해무에 가리어
심장을 잃어버렸다

너의 하늘과 나의 하늘은
같은 하늘이지만
너와 나는 서로 다른
하늘을 이고 산다

나의 심장은
음식물 쓰레기를 흡수해 버린
변기의 물소리, 마치 블랙홀처럼
내 마음도 함께 빨아버렸다

한때는,

너의 무릎을 베고 있으면
코끝을 스치는 향기는
재스민처럼 다가왔다

너의 손길이
나의 귓불로 닿을 땐
스르르 눈이 감겼다

꿈은 이미 하늘에 있어
그곳에선 천사의 두 팔로
나를 안아 주었다

허기진 배를 움켜잡고 있어도
둘만이 누울 수 있는
조그마한 공간이어도
너의 무릎은 부드러운 베개였었다

농익은 무화과는 아스팔트에 떨어졌다.

미리내 다리 위에서

지천명을 넘긴 날 밤에
백열등의 불빛을 지우고
두 눈을 감았습니다

다가올 날의 두려움에 대한 살 떨림
준비하지 못한 미래의 불안으로
잠 못 이루는 밤입니다

별을 헤아려 보았습니다
잠자리도 세어 보았습니다

아무리 헤아리고 세어 보아도
불면의 시간은 길어만 집니다
차라리 눈을 뜨고 하늘을 보자,

방안엔 가득한 고요가 흐르고
나는 반쪽 창틈 사이로 보이는
한 줄기 별빛 동아줄을 타고서

하늘을 수없이 오르내리던 밤

미리내 다리 위에서
그리운 어머니를 모셔 두고서
하얀 종이 위에 나의 옛이야기를 씁니다

그러다가 지쳐버린 몸
꽃잎 베개에 누워서 새벽잠이 듭니다.

반야의 미소

산사의 돌담 모퉁이에 기댄
선홍빛 산수유가 익어가는
성글어진 햇살 사이로
밀려오는 겨울 애상,

수없는 번민과 차오르는
고뇌로의 갈등은 나지막한
풍경소리가 흐르는 대웅전
홑처마에 쓰러지고

사랑도 미움도 버린 세월
탐욕마저도 내려놓으라 하였다

버리고 비우려는 애틋한 손 모음
승무 춤을 추고 싶지 않던 파계승은
찬 마룻바닥에 얼굴을 묻는다

돌아앉은 님의 등은 굽어만 간다

오늘만 살아야 했기에
내일은 기약도 할 수 없었던 참회

조금 아주 조금씩 관음의 미소가
영글어 내리는 한 줌 별빛
피안의 언덕 위엔 반야의 미소.

목련꽃이여

은빛으로 빚어낸 꽃이여
풀잎 위에 앉은 네 모양이

초립에 띄운 그림 한 점은
푸른 하늘에 걸려
목련꽃으로 피어난 사랑

꽃잎의 색깔을 숨기지 않아도 좋은
난 청초한 이슬을 사랑했다.

제4부

백수 해안 도로

돌 틈을 비껴온 매미의 울음소리가
내려앉으며 세월의 아침을 붙들고 있다

바람이 머물고 구름이 쉬어가는
백수 해안도로

이름 모를 새 한 마리가
담쟁이넝쿨과 조우하고
옹이박이 사연을 듣는다

모시 닢 구름 사이로
칠산 앞바다에 비친 햇살은
굴비 입에 물린 서해의 일곱
낙조가 금빛 날개를 펼친다.

버려야만 하는 그리움

흔들리며 떨어지는 가로등 불빛이
슬픈 날의 역린 같은 사랑이었습니다

장롱 한구석에 걸린 구김살 가득한
빛바랜 그녀의 바람막이 옷 한 벌만이
나의 외로움을 말해줍니다

버려야 하지만 차마 버릴 수가 없는
쓰라린 편린 같은 삶을 포기하고도 싶어,
그럼에도 멈출 수 없는 상어 같은 노역은
부레가 없어서 끊임없이 움직여야 하는
길 위에서 걷고 또 걸었습니다

비가 내릴 때도 바람이 지나갈 때도
마음은 흔들려야만 했습니다

버려야 하는 것이
바람막이 옷 한 벌뿐만 아니라

그리움을 안고 사는 삶도
모두 버려야만 하는 애틋한 심로인 것을,

잎새가 제 몸을 부딪치는
슬픈 노랫소리도 버려야만 하고
이젠 장롱문을 닫아 버리렵니다

마음속 센 비구름서 이는 우박 같은
그림자를 삼키고 양떼구름 사이로
은빛 햇살이 내려앉아서 휘파람 소리를 듣습
니다

보랏빛 떡살 무늬 옷 입고서 금낭화꽃이
빠른 음률에 맞추어 저만치로 달려갑니다.

별리

별리 너는 작은 이슬방울로 태어났다
너는 꽃으로 피어났다

새벽에 찾아온 안개비가
뒤란 꽃잎에 앉아서 청초하다

영롱한 이슬방울에서 어젯밤 꿈속에
보았던 그대의 웃는 모습을 본다

나무 이파리 사이로 햇살이 눈을 뜨자
곤줄박이의 울음소리가 시작된다

미세하게 찢기어진 이슬은 하늘로
솟구치어 구름을 품었고 떨어진
물방울은 대지를 촉촉이 적시어 준다

그러다 바다로 흘러서 열두물 만조에
구름을 열어서 바람이라도 불어오면

바다에 사는 사람들은 노심초사에
생도 걸어야 한다

꽃이 진자리엔 솜털 가득한 열매가
색을 달리하고 이슬은 제 갈 길로 갔다

모두는 서로 다른 이름으로 세상에 점을
찍어두고 이별이라는 이름으로 사라져 간다

둘은 찰나를 살다 가지만 영겁의 삶과 인연을
꿈꾸었을지도 모른다.

베갯잇 그리움

언 하늘에 먼 동이 떠오르면
초가집 지붕에 걸린 고드름은
눈물 되어 떨어진다

마루 밑에 고이 접어둔 녹슨 호미 하나
굴뚝 옆에 세워진 주인을 잃어버린 지게는
사철나무의 그림자만이 그의 곁에서
바들바들 떨고 있다

멀리서 들려오는 파도 소리에
깨어난 꿈은 어머니 생각이 나서
오늘도 베갯잇에 그리움을 적신다.

복욱한 봄날에

목련꽃 떨어진 거리에 긴 여운은
아롱진 마음 들어
동녘 하늘을 올려다본다

태산은 바람을 막아 주었고
바다는 마음의 고향이 되었다

고욤나무 가지에서 꽃이 떨어지고
부엌 아궁이는 불 삭여 휑하다

누나의 머리엔 명주 흰나비가 눈물 흘리고
아버지의 밤은 한숨 섞인 담배 연기만 가득하다

툇마루에 주인 잃은 다듬이 소리 숨죽이고
복욱한 봄날은 가서 밤은 울고 있다.

봄비

버들피리는 바람에 실려
아지랑이로 피어오른다

들녘에서 나물을 캐는 허리 굽은 할머니의
저녁 밥상은 상큼한 봄나물꽃 밥상

여울목에서 띄운 은빛 물방울이
햇살을 타고서 하늘에 떠 있는 구름이 되고,
흐르다 멈춘 곳에서 앙상한 가지를 적셔주는
봄비가 내려 꿈틀거리는 새싹들이 좋다고 한다

비 그치면
비친 햇살에 진달래꽃 피어나고
나는 꽃에서 꽃으로 봄을 느낀다.

봄소식

날아가는 새는 새벽 별을 쪼아 물고
뒷동산 나뭇가지에 매달아 두고,
여명에 떠오르는 햇살은
태동하듯 꿈틀거리려 아침이 밝아온다

싸늘한 바람이 얼굴을 스치지만
눈보라가 몰아치던 성냄도 자취 감추고
스치는 바람도 봄이 오는 따스한 소식은

삶의 현장에서 두드리는 망치질 소리에
잠자던 샛노란 개나리꽃이 놀라서 깨어난다.

부활

뙤약볕 내리쬐는 여름 한낮 가로수 위에
울어대는 매미 소리 요란하다

기나긴 땅속 생명은 얼마나 암울하였을까,
불현듯 보듬어 안아 주고 싶어지는 것은 왜일까

눈물의 시간을 견뎌 온 아름다운 꽃잎에서
혹독한 시련의 겨울을 배웠고
계절의 소식을 물고 온 철새들에게서
목숨 건 날갯짓으로 세상 살아가는 법을 배웠다

드디어 매미가 땅속을 벗어나
새로운 날이 밝았다
위대함이 승리한 날이다

꽃은 피고 돌아온 새들은
하늘 높이 올라서 아름다운 노래를 부른다.

불 깡통

동녘 햇살은 낙엽 속에 갇히어
깨어날 줄 모르고
언 땅을 밟고 가는 나그네

세속의 화두를 붙잡고
불 깡통 옆에 옹그린 채
날이 새기를 기다리고 있다

간밤에 자작나무 숲에서 깨어난 바람은
구름을 갈라놓아 버렸는지
하늘에서 하얀 풍경소리를 쏟아 놓는다

내 검붉은 손가락 위에도 내려와
슬픈 언약을 감추어 주지만
뼛속까지 아린 단상은 나만이 감내해야 할
불 깡통에 언 손을 녹인다

백설 속에 동백꽃은 붉게 피어나고.

붉은 사랑

동백은 아픈 사랑을 게워 내고
제 몸의 진액까지 짜내어
꽃잎을 피워냈다

동짓달 볕 한 줌 은
벤치 아래 그림자를 떨어트리고
손끝에서 나의 삶이 얼어 가는 지금

허방에 빠진다 해도
직선 보단 곡선의 삶이어도
복욱한 너의 미소가 그립다

희미한 잔 등 너머에
가시덤불이 가로막는 다하여도
햇살을 곱게 펴서 꽃 분 바르고
봄이 오면 붉은 사랑을 노래하리.

제5부

비 오는 거리에서

작은 새 한 마리는
삶을 찾아 길을 나서고
무거워진 날갯짓에
서러움 섞인 눈물을 떨군다

눈물은
순백의 고운 자태를 뽐내던
산딸나무 꽃잎서
백합나무 꽃잎서,
시들어가는 삶에 내려앉아서
떨어지는 잎새들

갈길 잃은 염주비둘기 한 마리는
가로수 나뭇가지를 벗 삼고
길을 찾아 방황하며
내리는 비를 온몸으로 받아내고 있다

비 오는 거리에 서있는
나는 방향을 잘 찾아가고 있는지.

빨간 등대

빨간 등대가
떠나가는 선미의 물보라를
슬픔에 잠긴 눈빛으로
물끄러미 내려다보고 있다

배는 엉터리 피리 소리를 불며
머나먼 곳으로 사라져 가는데

기약도 없이 떠나가는 배
어둠이 내리면 어김없이
불을 밝혀야만 하는,
아직은 푸르기만 한 저 바다 위에

돌아올 그 순간을 위하여
또다시 불을 밝힌다

바다는 쪽빛 하늘을 품었고
나는 빨간 등대 위에
쉰여덟의 촛불을 밝혀 둔다.

삶

내 나이 스무 살에
인생이 무엇인지,
삶이 무엇인지 모르면서
인생이라는 글자를 수천 번도 더 썼다

삶이란 글자도 비뚤어지지 않게 쓰려고
발버둥 쳤지만
여전히 비뚤어진 글자들

세월은 민등산 벌거숭이 산에서
혼자 서있는 나를 보게 하였다

고독이 흐르는 강을 내려다보며
삶이 무언지, 인생이 무언지
아직도 묻고 또 묻고는 방향 없는 길에 서있다.

상처에 젖질 않았네

아지랑이
봄햇살 맞으며 피어날 적에
너는 살며시 나에게로 왔지

우린 서로의 이야기로
밤이 깊어 가는 줄도 몰랐네

그렇게 시작된
우리의 사랑 노래는
별 없는 밤엔 별을 만들었고
별이 뜰 땐 그 별을 헤아리며
두 손 모아 기도했지

사랑은 상처가 있을 적에도
그 상처에 젖질 않았고
아픔이 있을 적에도
그 아픔에 젖질 않았었지

우리의 사랑은
오래도록 영원할 줄 알았지,

사랑은 바닷가 모래성처럼
밀려온 파도에 무너지고 말았지

사랑을 잃어버린 지금은
상처가 아님에도
그 상처에 아파해야 했고
아픔이 아님에도
그 아픔에 눈물짓고 있다네.

생의 암로

우윳빛 쌀뜨물에 동동
떠오른 하얀 밥 알갱이들
매일 앵무새와 함께 나누며
동그란 눈에서 맺힌 이슬을 본다

흰 낯빛 풀기 없는 알갱이들은
맥없이 사라져 버리고
공복에 찾아오는 무기력함

생의 암로,
그 어둡고 캄캄한 나의 길은
삶의 보이지 않는 질량
더 이상 오르지 못하는 저울 바늘이
바들바들 떨고 있다

처마 끝에 낙수가 떨어져 파일지라도
빈 독을 바라볼 수 없음에
굳게 닫힌 현관문 앞에 서있는 나를 본다.

샹그릴라에 뜬 무지개를 찾아서

잿빛 그을림의 먹구름은
참담한 절망만을 남기고
무엇이라 말할 수 없는,
침묵은 돌아올 수 없는 벼랑 끝의 나락

꿈은 일순간에 무너진 단상의 회오리
햇살 한 줌과 짙은 먹구름이 공존하는 아침에
가을비는 귀에 익은 노래 한 곡만을 듣고
떠나갈 차비 한다

동산에 뜬 작은 무지개에서
빛 하나를 옮겨다
은행잎에 옷을 입혔다

발밑에 뒹구는 낙엽은
가을비에 스러져간 눈물을 뒤로하고
샹그릴라에 뜬 무지개를 찾아 길을 나선다.

석류 빛 하늘이

끝나지 않은 단꿈은
침 고인 베갯잇에 접어두고
검은 우산 속의 길을 재촉한다

한낮에 작열하는 태양
어깨 위에서 내리는 힘줄과
끝까지 게워 내는 염분을
장갑의 등으로 훔쳐내면,
어느새 장갑과 얼굴은
기름과 혼합된 염분 결정체로 도배를 한다

호수 지기 연잎도 시절 감각에
수면 위를 걷는 소금쟁이의
발아래로 모습을 숨기건만
노동의 계절은 끝날 줄 모른다

빨간 석류 빛 하늘이 서산을 수놓으면
노동으로 고단한 몸은 밥알을 씹으며 잠이 든다.

소금꽃이 발아 한다

뜨거운 불판 위를 걷고 있는 한 남자의
발 위에 떨어지는 제 몸의 염분 가루가
알알이 솟구치는 알갱이들은,
장롱 속에 가두어 둔 불안과
습한 곳을 찾아 헤매는 두려움
모든 걸 거부하는 한 남자의 발걸음이 무겁다

때론 날아오르려 발버둥을 쳐봐도
제자리만 맴돌다가 쓰러져버리는 팽이처럼

그럼에도 한 손에는 생의 무게를 잡고
또 다른 한 손에는 꿈의 시간 시어를 붙들고
구름 위의 이 길을 걷고 또 걷는다

그의 발등 위로 소금꽃이 하나둘 발아한다.

시간 깨우기

차창에 서린 성에가 숲을 이룹니다
나의 뭉툭한 손톱으로
빡빡 긁으니 은빛 꽃이 떨어져 내립니다

새벽은 잠시 머물러
보랏빛 하늘에 달과 별이
내 등 뒤를 비춰줍니다

철판 다리 위에는 살얼음판이 되었습니다

앞에 보이는 수변 공원엔
물보라로 솟구쳤던 분수대 품은 호수가
막 잠에서 깨어났습니다

물안개가 하늘 다리 위를 넘어
꽃가루처럼 사방으로 흩날립니다

호수에 비췬 달빛을 보면서

흐트러진 생각에 망치를 떨어트렸습니다

어린 시절과 청춘의 시간 들은,
먼 뒤안길 추억 속에서
하나둘씩 꺼내보았습니다

호수 속에 빠진 달빛을 건져 올렸습니다

손에 닿았던 달빛은 물안개에 사라져 버리고
공중에 떠 있는 내 몸을 타고 시간을 깨웁니다.

신께 드리는 기도

신께 드리는 기도는 언제나처럼
허공 속으로 사라져 갔습니다

며칠 전 보았던 어린 새들의
비상을 위한 날갯짓이 너무 예뻐서
두 개의 칼날 위에서 춤을 추는 무인처럼
마음 들뜨기 시작하였습니다

어느 현장에나 흔하게 굴러다니는 원형 뿔을
살며시 내려놓았습니다

주말을 지나온 삶은 여전히 분주하기만 하고
원형 통 안의 새들은 하늘 높이 올랐으려나 하는
생각은 무참히 짓밟히고야 말았습니다

뜨거운 주말은 어린 새들을 싸늘한 죽음을 만들었습니다

나의 작은 소망 담은 신께 드렸던 기도는

그렇게 무참히 사라져 버렸습니다

어린 날 바위 위에 올라 놓았던
아이가 파도에 휩쓸렸을 때도
유격장 외줄타기의 그물망이 외면할 때도
신은 저에 손을 잡아 주었습니다

어제 그리고 내일,
열두 개의 구멍 속에 빨려 들어가는 저를
 신께서는 늘 그랬던 것처럼 오늘도 손 내밀어 주셨습니다

어린 새들의 죽음은 어찌합니까.

제6부

아람

지난한 길의 끝 어둠 속에 내리는
별빛이 창문을 걷는다

자빗간 간직해 온
기억을 낮빛에 드러내고
은빛 여울에 못다 한 말들을
슬며시 쏟아 놓는다

제 살과 만추의 기쁨을 위하여
가시를 두른 채
혼자만의 오로움에 갇혀
아픔을 간직해야만 했다

밤의 꽃이 피고 지는
곡추의 수많은 구부림과 펴진 후에야
아람이 되어 갈잎 흩날리는 산자락에서
제 살에 돋은 가시를 벗고,
가을날의 사랑은
손바닥 위에서 빙그레 웃는다.

아버지의 등

노란 개나리꽃이 황토 먼지를 덮어쓰고
너른 마당에 회색의 콘크리트 타설하는 날
레미콘이 잠잠한 때

타는 목을 축이며 밭둑에 앉으려다
앙증맞고 귀여운 하얀 초록 까치 꽃이
나도 꽃이라고 말을 건넨다

까치 꽃들 가운데 둘러싸인
활짝 핀 노란 민들레꽃이
내게 내어 주시던
아버지의 등과 같이 보인다

아버지의 등은 봄햇살처럼 따스하였고
한가위 둥근달처럼 포근하기만 하였다

등을 내어 주시며 옥수수 효자손보다도
가녀린 고사리손이 더 맵구나 하시던 아버지

막내는 언제쯤 손자 보여 줄래 하시던 아버지,
떠나시기 전에는 아들 얼굴을 몰라보셨던 아버지

아버지의 등은 더 이상
우리에게 내어 주시지 않으셨다
아버지의 신소에서
후회의 가슴 붙들고 있는데

떨어진 콘크리트가 눈에 들어가
따가운 눈 비비며 하늘을 보니
수정 물방울에 비친 태양이 희미하게 보인다.

아쉬움은 물처럼 흘러가고

솟대 위에 걸린 아쉬움과
그리움이 공존하는 시간 앞에
또 다른 그리움은

그림자를 밀어낸 어둠이 오면
생각나는 사람과 마주 앉아
찻잎 향기에 젖어,
서러운 날들의 이야기를 듣고
부르고 싶은 이름

엄마가 좋아하던
석류 한입 베어 물고
한바탕 춤사위는 훠이훠이
알알이 맺힌
아쉬움은 물처럼 흘러간다.

애벌레의 꿈

삶의 무게가 버거울 땐
나를 보라고
발밑을 조심하여야 한다고

힘들고 지치면
땅에서 꿈틀거리는
나를 보라고
그렇게 고통에서 나온
나비는 하늘가에서 날갯짓 눈부시다.

누에 하늘을 날다

어머니는 뽕잎을 따다가 곱게 썰어
이불을 깔아 두고
아버지는 장에 가셔서 앙증맞은
쌀눈처럼 보이는 아기누에를 사 오셨습니다

어느새 통통하고 뽀얀 살갗에
말랑말랑하고 보드라운 성체가 되어
손바닥에서 간지럼을 태웁니다

고요한 밤 사각사각 비 오는 소리는
누에들의 늦은 밤 뽕잎을 갉아 먹는 소리가
귓가를 간질이는 노래가 됩니다

다 자란 누에는 뽕잎 먹기를 그만두고
입에서 실을 뽑아 고치를 만들고
마지막 가는 길에 누울 자리를 만들고 있습니다

죽어야 산다는 것을 본능적으로 아는지

그래서 두려워하지 않습니다,
그 모습에 나는 고개를 떨굽니다

나방이 된 번데기는
고치의 막을 뚫어 하늘을 날아서
새로운 생명을 탄생시키고
홀연히 날갯짓을 멈추고 눕습니다.

어머니의 바다

모래밭에 그려 놓은 무채색 무늬는
밀려오는 그리움 되어
선명한 발자국을 아로새겨 놓는다

파도가 할퀴어버린 생채기에
바위가 아파하고
포말로 흩어지고 흩어지는,
은빛 알갱이들의 속삭임은
바람이 불어 초록의 조류를 흔들어 놓는다

미역과 김을 따는 여인의 손놀림은 분주하고
광주리 안에 하나 가득 채워지면
어린 자식들의 삶을 연명할 수 있었던

손가락 마디 아려도 관절 뼈마디 아픈
바다 여인의 얼굴은 깊은 시름에서의
이제는 하늘에 별이 되었다

사랑을 앓이 하는 아이의
심장에 별빛을 비추어 준다.

이별을 준비해 두겠습니다

제식 훈련장의 전투화 소리 커지는
바람의 날개를 탄 아카시아 꽃향기가
코끝에 맴돕니다

이런 날엔 고향의 하늘은 높게만 보여
코끝에 맴도는 향기는 오래 일 줄 알았습니다
그러하기에 이별을 준비해 두지 못하였습니다

어느 날 숲속엔 아카시아
꽃향기가 사라진 자리에,
금잔화 한 송이가 내리는 빗줄기를
몸에 흠뻑 적시고 있었습니다
준비 없었던 이별은 참 많이
아파해야 했습니다

당신을 다시 만난다면 이별을
미리 준비해 두겠습니다
그것은 사랑이 더 아름답기 때문입니다

당신을 몹시 그리워합니다
꼭 한번 불러보고 싶습니다 어머니.

얼음 장미

빨간 장미의 편린 하나를 가져다
서산 하늘을 두르고
갯바위에 앉아 사색에 잠길 때
부서지는 파도 포말은 은빛 숨을 쉰다

생각의 바다가 무수한 낱말들을
쏟아 놓는 걸 바라보며 호주머니에 담는다

피안의 숲속 그루터기에는 저무는
노을을 바라보며
한숨 쉬어가는 자벌레가 거미줄과의
처절한 사투에 지친 몸을 누인다

망막을 닫아버린 눈 낙엽은 바스러지고
긴 그림자가 거리를 헤맬 때
제 몸뚱어리에 팔보를 숨겨 놓음을 그제야 알았다

노을빛에 잠겨진 바다,

자벌레가 몸을 일으켜 싱그런 풀잎을 찾아야
하지만
기어가고 옹그려보아도 나목과 그루터기뿐
장미꽃 너마저도 얼음 동굴에 갇혀버리면
남쪽 바다가 열려야 하리.

어머니의 봄

달빛 고운 밤안개 피어나고
아침 햇살 떡시루 아래 앉은
솔잎 향기 가득한
어머니가 좋아하시던 봄이
찾아왔어요

진분홍 저녁노을이 바다 위에 떠도는
칠산 봉우리를 휘감아 돌며
희미한 투영은 수평선에 머무르는 곳
그곳으로 날 데려가네

구슬처럼 빛 고운 옥당골에도
어머니의 봄이 찾아왔어요

지난가을 떨어진 갈잎 쉬어 가는 숲에는
겨우내 숨어 울던 춘란이 삐죽이 고개 들어
새순 하나를 눈 틔움 하고
새들은 얼음 눈 녹은 물가를 찾네

솔잎 향기 가득한 햇살 반짝이며
어머니의 봄이 다시 찾아왔어요.

여름 한낮

구름은 두꺼울수록 숲에서 이는 바람이 차고
삶은 가벼울수록 쉬이 잠 오는 밤
반짝이 별이 창에 떨어지는데

나의 여름 한낮은 석빙고에 얼음을 끼고 있다고
수 없이 최면을 걸어보지만
굵은 땀방울은 쉼 없이 목덜미를 적시고
삶의 언어는 피를 토하는 듯 낯설다

익은 망치는 잡은 손을 거부하고 거푸집은
감자 삶는 화덕처럼 열기를 뿜어내고 있다

내 삶의 여름은 썰어놓은 청양고추가
손끝에 눈을 비비듯 여름 나기를 한다.

제7부

이슬로 피어난 목련

그리움에 눈물 한 방울
고이 삭여 풀잎에 떨군
바람의 소리에

흔들리면서 떨어져야 함에도
안간힘을 쏟으며 붙잡고 있는
삶의 간절한 바람은

체온을 느낄 수 있는
땀방울이 있다는 건
아직 삶의 향기를 느낄 수 있음이다

해 뜨면 이지러져야 할 이슬이지만
목련꽃 한 송이가 너의 사랑을 먹고 피어나네.

인연

해가림 없는 뜨거운 태양 아래
솜털 노랑 오이꽃 피어날 적에
나는 무슨 이유로 이곳에 왔던가,
나는 무슨 연으로 이 세상에 왔을까

억겁의 세월 인연은
나를 여기에 머무르라 한다

수없이 많은 것들과 스친 인연들이
만나고 헤어지고,
옷깃을 스쳐온 인연은 사랑이 되었고
옷깃을 스치고 간 인연은 이별이 되었다

한 여인을 만나서 사랑을 하였고
그녀에게서 기쁨과 즐거움을 알았다

그녀와의 다한 인연으로
나는 옷깃을 적셔야 했다

오늘도 인연이라는 굴렁쇠 굴리며
빛 고운 무지개 인연은 어디에 숨었을지.

자벌레

꿈의 시계가 멈추고 고요한 아침을 깨우는 요란한 음악 소리가 흐른다. 꿈속을 기어, 기어서 떨어지지 않는 눈 비비며 새벽의 찬 서리를 맞아야만 하는 자벌레는, 아직은 나무 밑동에 숨어서 때를 기다려야 하지만 그럴 수 있는 여유가 없음에 이파리도 없는 나무를 헤매고 또 헤맨다.

어쩌다 찾은 이파리 앞에서도 긴 겨울을 실감해야만 한다. 활활 타오르는 불 깡통 앞에서 몸을 녹이며 제 몸을 재어서 거푸집을 짓는다.

철근 위를 기어오르는 몸은 얼음장이 되어 버리기 일쑤라 시멘트 가루가 몸속을 파고들어도 망치가 손등에 떨어져 피멍 든 눈꽃 송이가 되어도 누구를 탓하지 못하는 삶의 비애가 연장을 팽개치고 싶은 마음 간절하다.

허공에 매달린 눈물을 씻고 이파리를 찾아 다시 망치를 잡아야만 하는 애틋한 생의 굴레 밤이면 찾아드는 노동의 후유증으로 고통받으며 스스로 다독여야만 하는 울분의 토로.

온몸은 두터운 작업복으로 감싸 보지만 살에 이는 대서운 추위 앞에서는 덜덜 떨어야만 한다. 확굴 꼬부라지고 웅그려진 모습은 더 먼 곳으로 나아가기 위한
 몸짓이었으면 좋으련만 단지 비빌 곳 없는 서러움의 발로 일 뿐이다.

 처절한 몸짓은 토목 하늘 다리 위에서 한 가닥의 생명줄에 의지하여 생과 사를 넘나드는 막다른 노동의 길, 꽃이 피고 지는 청록의 계절이 오면 나는 하늘 향해 비상의 날개를 펼치고 싶다.

조약돌

하얀 물거품으로 깨어난 아침
파도 소리는 제 몸으로 적시고
지나온 세월의 약속을 심장에 새겼다

갈매기들이 날아오르는
날갯짓 소리를 들어야 했고
만선의 기쁨을 이야기하는
어부가도 들어야 했다

때론 사랑을 잃어버린
여인의 한 숨소리를 듣기도 하였고
다정한 연인들의 발소리도 기억해야 했다

구르고 깎인 조약돌을 하나 손바닥에 얹고
손을 쥐었다가 폈다가 다시 백사장에 놓는다.

커피 너에게로

아들의 이름이 적힌 머그컵이 눈을 뜨고
용광로의 쇳물처럼 제 몸을 뜨겁게 달군
향이 아침을 열어젖힌다

찰랑거리는 머릿결을 풀어헤친 듯
불빛 없는 거리를 헤매고 꽃이 없어도
아침 풀잎에 앉은 이슬처럼 너는 감미롭다

케이지에 갇힌 도마뱀처럼 눈을 감은 채
코끝의 감각을 열어 놓고

외로울 때 누군가가 그리울 때도
한 잔의 술에 취하고 싶을 때드
습관처럼 너에게로 달려간다

하늘이 허락하신다면 오래도록
너의 향기를 기억에 가두고 싶다.

코스모스길

코스모스의 길을 따라 바람의 날갯짓에
햇살은 서산에 붉은 노을을 내려놓고
큰 나무 굴뚝에서 연기를 피워 줍니다

내 작은 두 개의 옹달샘에
밤을 퍼다 놓았습니다
밤은 내게 아무도 찾아주지 않는,
아무도 보아주지 않는
혼자만의 섬에 가두어 놓았습니다

혼자만의 섬에는 꿈 많던 시절
코스모스 몸 흔들던 길에 사랑도
기다렸습니다

기다리던 사랑은 오지 않고
코스모스 꽃잎만 표표히 떨어져 버렸습니다

바람의 울음 계곡엔 풀벌레 소리가
이슬에 매달려 추억을 회상합니다.

팔베개

애절한 음률이 흐르는 겨울 숲길에
이름 모를 들꽃에 숙연해지는 마음

아버지 고독의 뜨락 고욤나무 아래는
호롱불보다 빛나던 어머니의
고귀한 사랑이 있었습니다

유난히도 밝았던 별빛은
창호지를 뚫고 방안 가득히 비춰 주었죠

기꺼이 목마가 되어 주셨던 아버지의 등
팔베개와 가슴을 내어 주셨던 어머니의 사랑

검정 고무신에 책보를 둘러메었어도
늘 뜀박질 했던 행복의 집은

지금은 어디에서도 볼 수가 없어
붉은 눈시울은 그리움에 젖어
내 팔을 베고 잠이 듭니다.

파랑 앵무새

짙은 그리움 농익어 가는 외로움
달빛 눈물 흐르는 가슴 부여잡은 긴 밤
홀로 창가에 앉아 유리 벽을 바라본다

하늘 위 날개 짓을 거부한 새가
쪼르르 달려와 발끝을 물자
아려오는 발끝 아픔은 어느새 나의 가슴에 다가가
발기 찢기어진 몸뚱어리 된 듯한 가슴은,

나의 그리움과 사랑은
저 유리 벽 밖에 숨겨 놓은 보물찾기인
창틈 사이 시린 찬 바람 등 허리 닿아,
외로운 잠 청하는 나에게 다가와서
심장 소릴 들어주는 네가 있다는 것은
아마 사랑일 거야

혼자 남겨 두고 가는 발걸음이 무거운데
짖어대는 울음소리가 더욱 가슴 아프게 해

이런 감 알 리 없는 너는
그래도 기다려 주는 네가 있어서 참 행복하다.

편백나무 숲

죽어간 내 청춘 사랑의 날들은
검은 그림자마저 뜬눈으로 밤을 지새우며
바람 한 점 없는 텅 빈 방 안에 나부끼는
흔들개비 무심히 쳐다보는
영정 사진이 될 초상화

주인을 잃은 창호지 문살
구멍 숭숭 뚫려버린 가슴 시린 옛이야기
은빛 여울목 실개천에 사랑 노래 실어 놓는다

시골집 뜨락엔 푸성귀만 무성히 자라고
막걸리 담아내던 노란 주전자도
균형을 잃어 허공만 바라보네

내 잃어버린 지난날들은
퇴청 마루에 자욱한 먼지처럼
켜켜이 쌓아두고,
대문 앞 하얀 철쭉도 피고 있건만

찾아주는 사람 하나 없네

희미해져 버린 나의 사랑아
세 살 아기 신 신고서 아장 걸음마로
피톤치드 향 그윽한 평온의 편백나무 숲으로 가자
내 어린 날의 사랑을 찾아서.

풍경소리

청아한 풍경소리 들려올 제
번뇌와 망상은 빛과 그림자 같은
혼돈과 혼탁한 악마의 동굴 속

번뇌 하나는 돌계단에 내려 두고
또 하나는 내리며 오르는
고즈넉한 산사의 아침은
순수의 데이지꽃이 마중한다

산사,
그 앞에 서면 움츠려 들은 몸은
아직 내게 남은 몸의 죄 때문일까,

흐르는 계곡의 물소리는
간밤에 내린 비 때문인걸
퇴청 마루에 납작 엎드린
하얀 고무신 코끝 위로
아침 예불 소리가 내려앉는다

깊은 산 계곡에서 불어오는 소슬한 바람에
처마 끝에 매달린 풍경소리 청아할 제
자벌레에서 내 모습을 보았다

어찌 나 아닌 나가 있으랴
네가 곧 나인 것을
납자의 발자국은 풍경소리가 감추어 주는데.

제8부

하늘 과일

뜨락에서 마주한 하늘 과일
어머니는 몸빼바지에다 쓱쓱 닦아서
어린 아들에게 건네주었습니다

한입 베어 물자 이빨 자국 너머에
꿈틀거리는 무엇에 놀라
어머니 얼굴을 바라보았습니다

복숭아벌레는 하늘 과일이라
눈이 밝아진다며
먹어도 된다고 하셨습니다

해 바뀌어도 복숭아는 볼 수 있는데
어머님 모습은 보이질 않고
뜨락에다 새긴 추억이 가슴만 아려 오네요.

하늘 다리

농음, 드리운 희미한 달빛이 흐르는
검은 새벽에 태양이 눈 비비고 있는
어둠의 시간

무거운 걸음은 오르고 또 올라가야 하는
하늘 계단,
나는 지금 하늘을 가까이 구름을 벗
삼으려고 그 길 끝으로 오른다

생은 로프에 걸었다
몸은 하늘에 두었다

한순간도 허공에 둘 수 없는 시선들
사선의 하늘 다리는 생과 사 막노동의 삶이다

망치질 소리가 눈 비비고 있는 붉은
태양을 깨우니 동산 하늘에 올라
땀 흘리고 있는 나를 내려다본다

노랑 속 살 드러낸 나무의 톱밥은 먼
지와 엉켜서 바람에 날려 새참 라면에
내려앉아도 살 떨리는 추위를 잊고
허기를 달래어 본다

서산 너머 메아리로 걸려있는 쇳소리
녹색 그물망 허공에 걸어 두고
누구도 바라보지 않는 그 길 끝에
나의 온몸은 하늘 다리 위에 서있다.

한 번만이라도

당신은 순백의 여인 화장 한번 하지 않아도
곱고 환한 모습이 좋았습니다

당신이 나를 얼마나 사랑하는지
내가 당신을 얼마나 사랑하는지,
단 한 번도 말해주지 않았기 때문에
서로의 사랑의 깊이는 알 수 없었지만

저녁이면 시린 손끝 뼈 마디마디마다
살점 하나하나 어디 아프지 않은 곳 없이
하지만 동이 트면 또다시 일을 해야 하는 당신은
그 몸을 가지고 선 말입니다

난 알지 못하였습니다
당신이 얼마나 아파했는지
짐작하지도 못했습니다

등록금이 없다고 공책 살 돈 없다며

학교 가기 싫다는 나에게
말없이 바라만 보시던,
새까맣게 타들어 간 당신의 마음을
이제야 알 것 같습니다

단 한 번만이라도 사랑하는 엄마라고
크게 불러 보고 싶습니다

해동청 붉은 장미

  너와의 삶은 비록 짧은 삼 년의 악몽을 꾸던 시절도 기나긴 세월의 흐름은 추억이 되었다. 한밭 그 혹독한 겨울의 학창 시절, 눈물 슬픔, 고독의 연병장 빗물이 고인 허방다리 우윳빛 숨소리는 투박한 전투화 발자국소리 지나서 철조망 담벼락에 부딪힐 때마다 거친 군가 소리로 변모했었다.

  허기진 배를 움켜쥐고 조금이나마 빈속을 채우려 들어선 식당, 식판에 떨어지는 검은 눈동자가 머무를 사이도 없이 흘러나오는, 이젠 우리가 헤어질 시간이라는 노랫소리가 구슬펐다.

  밤은 더디게 만 오고 고독과 돌아갈 수 없는 엉켜버린 삶을 국방색 홑이불 속에 묻고 고향의 하늘을 꿈꾸었었다. 새로운 날도 다른 날도 호각 소리만 날카로이 고막을 관통했다. 사랑도 청춘도 떠나갔다.

  아카시아 그윽할 제 뽀얀 볼살 다독여 주시던 어머님의

손길은 푸른 하늘에 묻고, 그리움의 날들은 핏빛 가슴 편지를 썼지만 부치지 못했다. 삶은 달걀 한 개에 웃고 꽁치 통조림 한 통을 나누던 생의 애환을 함께 나누던 그곳 우리들의 이야기는 찔레 가시에 쩔리고 찔린 날들이 마침내 붉은 장미꽃으로 피어났다.

잊어야 할 아픔들은 기억 속에 생생하고, 지워야 할 시간 들은 영상으로 남은 지금 불쑥불쑥 화면이 켜진다. 모두가 회상의 밤 은하수를 거닌다. 바람을 가르는 해동청 보라매는 불탄 수평선 위를 나르고, 오늘 우리들은 이곳에서 그날의 일들을 전설처럼 말한다.

고된 눈물도 가슴에 붉은 꽃으로 피웠던 그날을.

해당화 피는 거리에서

햇살에 달궈진 해당화 꽃잎이
떨어지고 손바닥에 불이 붙은 가을은
내 마음에 서러운 편지를 쓴다

청록으로 가득하던 세상은
저 각각 색으로 물들여 가고
우리들의 일상도 저마다의 색으로
편지봉투 앞면에 주소를 적는다

혼자만의 섬에도 무지개는 뜨고
혼자만의 섬에도 달빛은 뜬다

무지갯빛으로 희망을 읊조리고
달빛으로는 한 잔의 술을 마시며
빨간 우체통 앞에서 서성거리며
헤매고 또 헤맨다.

현장에도 봄

새벽 찬 서리에 속삭여 주던
노란 키다리 억새가 산들바람에 흔들리는
논두렁을 지나면 길 끝에 서있는
노동이 꿈틀거리는 현장이 기다린다

시냇굴 소리에 봄 햇살 비추니
은빛 물 되어 깊은 산 계곡에도 봄이 왔다

초록 물풀은 어느새 고개 들어
얼음 녹은 물에 넘실넘실 어깨 춤사위
봄 다슬기는 집 붓을 등에 짊어지고
밑바닥 도화지에 영역의 지도를 그린다

꼬꼬닭도 봄 낮에 닭장을 뛰쳐나와
땅속 먹이 찾아 발길질하고
망치 소리 들은 매실이
하얀 꽃송이를 피워 설화 한 폭이 되었다.

확굴

달빛 무지개 영근 별 하나가
젖혀진 커튼 사이로 스며드는 날이면
한잔의 커피를 마시며 더듬이 손은
지난날을 찾는다

쟁기 잡은 아버지의 손
멍에를 둘러맨 엄마의 확굴蠖屈 발걸음
할머니 무덤가에 미끄럼 타는 어린 아들

땀방울은 마른 흙을 적시고
고랑의 끝은 아직 멀고
서산에서 건너온 그림자는 길기만 하여

부모님의 등허리는 점점 굼벵이같이
흙 속에서 고물고물 뒹군다.

황금 보리가 익어 간다

불어오는 바람꽃에 흔들리는 잎새는
하얀 산딸나무 꽃잎 아래
백발로 흔들리는 그림자

해맑은 웃음 지으며
미끄럼틀을 타고 내려오는 아이들
그 모습을 보며 떨고 있는
어른이 되어버린 나,

천진난만했던 아이는 덧없는 세월에
불안과 두려움 가득한 혼탁한 잡념들이
삶을 가리었다

채워지지 않는 공허한 마음은 나도
미끄럼틀을 타며 해맑은 웃음 짓고 싶은데
등 뒤로 황금 보리 익어 가는 햇살 뉘엿하다.

회귀하는 연어

새벽달 눈이 열리면 돌아온 연어들의
힘겨운 눈빛 속의 회귀를 그린다

수천수만 길 돌고 돌아온 연어들의 물길
호흡은 거칠고 지금은 먹는 것조차도 잊었다

오직 가야만 하는 강물을 거슬러서
연어의 가련한 몸짓에서 나를 본다

강물에 떠내려오는 낙엽마저도
길을 내어 주고 흐려지는 눈빛이
눈물겹게 폭포수를 뛰어넘어,
아기 때 떠난 곳으로 돌아와서
조약돌에 회기의 마침표를 찍고
돌아누워 하늘을 본다

감긴 두 눈에 눈물이 강물과 섞여
세월을 버거운 삶의 몸짓으로 떠나갔다

어미가 그랬던 것처럼 치어가
힘 있게 꼬리를 저으며 희망을 안고
넓은 바다로 나아가 힘찬 생을 살겠지.

연등이 걸어간다

가로수 아래로 물빛 하늘 거리는
연등들이 걸음마를 시작하였다
아장아장 뒤뚱 거리는 모습을
초록의 연잎들이 마중을 나와 반겨준다

엄마 따라 합장한 고사리 손끝으로 꽃비가 내려와
자비의 씨앗이 가슴으로 와닿아
아기의 미소가 환희로 주위를 밝혀준다

부드러운 숨결과 아름다운 미소는
달콤한 망고맛 같다
내일을 사는 우리들은 늘 불안한 삶
무언가에 쫓기 듯 또는 무언가를 쫓기만 하는 듯

나 아닌 나를 살아가는 미물은
이타의 삶보다는 이기의 삶은 나를 찾지 못했다
동쪽으로 간 성현의 발걸음조차 알리 없는
밀실의 삶 속에서 그나마 불안한 행복을 꿈꾸는

섬 아닌 섬에 갇혀 살아야만 하는 나

아기처럼 고운 연등이 자비의 불꽃으로
광명의 세상 환히 불 밝혀 주기를.

후회라는 걸 아는 지금

햇살을 돌돌 말아서 세워두고
나는 갈잎의 노래를 부르며
지난날 추억에 젖는다

붉은 입술은 청춘에서 가져와
펄떡이는 노을 속 심장을 꺼내 들고
얼어버린 내 마음을 해동하면서
문득 그림 하나를 그려본다

만추는 사전 속 단어일 뿐
보리밥이라도 실컷 먹을 수 있었던
시절이라면 얼마나 좋았을까

밥숟가락 놓기가 아쉬워
아버지의 턱만 바라보아야 했던
숭늉 심부름을 해야 하는 나는,
주걱에 붙은 밥알을 한 알씩
손가락으로 떼어먹었다

다시 돌아올 기약 없는 남은 기억
후회란 걸 아는 지금
아버지의 하얀 머리카락이
한 올 한 올이 내 머리에 누운다.

| 시인의 말 |

　　방금 깨어난 알에서 미지의 땅을 밟으려고 합니다. 길이 없는 곳에서 길을 만들고 방향을 찾아가려 합니다. 글을 쓰기 전에는 참 많은 날을 허투루 살았습니다. 눈뜨면 현장에서 망치 잡고 농담을 던지며 꿈도 희망도 없이 보내는 날의 연속이었습니다. 그것이 제 운명이라 받아들이며 그렇게 살았습니다. 죄 많은 인생이기에 고통은 당연한 듯이 그렇게 말입니다. 우연한 기회에 스승님을 만나고 이 나이에 무슨 글이냐고 나이가 많아서 포기하고 싶었습니다. 그럼에도 한 손에는 망치를 잡고 또 다른 손에는 시어를 잡으려고 무던히도 애를 썼습니다.
　　아직 많이 부족하지만그럼에도 저의 첫 시집 "목공의 지문"을 출간하게 되었습니다. 부족한 저의 글 읽어 주셔서 감사합니다.
　　도움 주신 스승님이신 정정예시인님께 먼저 감사 인사드리고 숨 문학 작가협회 전종문 회장님 이하 회원 여러분께도 감사 인사드립니다. 무엇보다 부모님 대신으로 챙겨주고 걱정해 주며 사랑해 주는, 누님 그리고 형님들과 가족들에게 감사하고. 고맙습니다.

허화석

해설

| 해설 |

망치로 하나로 시 한 편 두들겨 짓고
시의 세계를 구축해 나가는 노동자의 노래

정정예 (수필가)

　허화석 시인은 맞닥뜨린 노동의 현장에서 치열한 삶의 가치를 허투루 흘려보내지 않는다. 고된 노동의 삶 가운데서 자신 내면과 삶의 가치를 끝없이 담론하며 가파른 시의 언덕 돌올하다. 생과 사 서로 공존하고 이 밀접한 두 사이에서 하자는 거미줄같이 시어를 형성 시킨다. 우주적 삶과 혼이 담긴 함의는 시의 구조물이다. 공중 무방비 상태에서도 끈질기게 시어를 붙잡아내고 위험에 노출되어 있으면서도 시인은 자신만의 언어를 구축하기 위한 내밀한 언어를 읊조리고 있다. 쇳소리 부딪치는 망치 소리 하나하나가 노동가로 또는 시어로 꽃처럼 피어나는 것이다. 단단한 철근 구조물 속 쇳가루 그리고 시멘트 가루 뽀얗게 날리는 곳에서 하자는 구즈망 치듯이 시어를 뜨고 있다.

지문을 잃어버린 내 손가락을 보아주는 누나,
삶의 등짐을 대신할 수 없음에 기도로 달래주며
울컥거리는 가슴을 쓸어안는다

햇살에 타들어 가는 호흡마저 멈추게 하는
망치 잡은 손은 굳은살로 더께 가도
쇳덩어리는 화상을 입히기 충분한 수은 온도다

굽힌 허리는 펴질 줄 모르고 핀 하나 줍는 손마저
혓바닥으로 먹이를 찾는 개미핥기처럼 느리기만 하다

등골을 타고 흐르는 땀이 멈춘 곳엔 붉은
반점의 군락지가 된다

높이 오르다 헛디딘 발이 허공을 맴돌다가
땅바닥으로 떨어졌다

한쪽 눈으로 하늘을 올려다볼 수밖에 없어도
편히 쉴 수 없는 슬픈 웃음소리,
일이 끝나면 빨간 코팅 피막을 벗은 손가락
끝마디가 숨을 쉬고 선홍의 손톱으로 물든다

하얀 꽃등이 점등되면 개미들의 하루를 연장하고
제 몸의 빛을 깎아 먹은 별똥별은 대각선의 한 획을
그으면서 흔적조차 남기지 않고 사라져 버린다
한 걸음 한 걸음 놓을 때마다 삐걱거리는 연골들

닳아져 가는 고통의 날들 어쩌면 불리 법문을 듣는
돋보기 없이는 한 글자도 볼 수 없는 엄니 같은 누나의
슬픈 얼굴을 꼬아야만 한다.

― [목공의 지문] 전문

  화자 삶의 원천은 시에서 나오는 무한한 힘이라는 걸 알게 된다. 노동 고단한 삶은 고뇌의 산물인 시의 세계에서 풍부한 시의 확장 시키는데, 큰 역할로 한몫을 낸다. 노동으로 지문을 잃게 하고 추락 이후 시력이 나빠졌지만, 그럼에도 굴하지 않고 끈질긴 각고로 가로막힌 가림막을 뚫고 나가는 원동력은 바로 화자의 직관을 통하여 시의 세계로 들어가는 문이라는 것을 알게 된다.

흙먼지 일으키며 달려가는
사막의 낙타 등을 닮은 손바닥과
더딘 손가락의 걸음걸이

손 등 위로 멈추지 않는 염분의
결정체를 분출하는 분화구가
또렷하게 입을 벌렸다

석빙고의 한기를 품고 내린 서릿발을
생각 속에서 그려내다가
북쪽 바람과 조우를 기원하며

마음은 어느새 동쪽 하늘로 향하는
푸른 바다 밑 그리움에 빠져든다

대왕 벌이 서산의 자줏빛 햇살을
입에 물고 녹황색 백합나무 꽃잎에 앉아
꽃 수술을 물들여놓으면
낙타 손바닥의 고된 하루도 서산을 넘는다

— [낙타 등 손바닥] 전문

  화자의 시어를 보면 노동을 통하여 오랫동안 문장을 발효시켰다는 것을 알 수가 있다. 사막을 걸어가며 뜨거운 모래바람을 맞서서 묵묵히 앞으로 걸어가야 하는 낙타처럼 화자 역시 노동의 불볕더위 속에서 낙타 등 손바닥으로 망치질 하는 처절한 몸부림이 시의 파장을 일으키고 있다.

광대의 삶으로 추억을 주우며
눈을 감으면 손에 잡힐 듯
향수를 달래며

탈 쓴 광대의 외 줄 춤사위
온몸으로 게워 내는 도포의
소맷자락이 펄럭인다

나는 삶의 한복판에서

한 발로 광대춤을 춘다

얼굴마저 가린 채
하늘 줄에 발을 걸어두고

점점 빨려드는 무아지경
관객 하나 없어도
온몸에 흘러내리는 눈물

발끝으로 모으는 혼신의
춤사위는 끝날 줄 모른다

— [광대] 전문

  화자는 수없이 다가오는 문제며 부딪혀 오는 모든 것들을 시의 세계로 몰입하는 것이라 말한다. 쉽사리 침투할 수조차 없는 노동 현장에서 닥친 두려움들을 그 어떤 대상들을 섬세하게 시의 예리한 촉수가 날려주는 면밀한 언어의 침투력이 바로 시의 반영된다. 시인의 눈에는 모든 것들이 시의 세계로 연결되었다. 그의 삶이 광대로 줄을 타고 점점 무아지경으로 빨려 들어가는 그의 시편을 뜨겁게 달구어 가고, 관객 하나 없어도 생의 한복판에서 소맷자락 펄럭거리며 한 발로 춤을 추고 있는 광대놀음에서 심오한 시심의 불꽃이 일고 있다. 곧 하늘 높이 쏘아 올린 폭죽이 환하게 터질 거 같다.

허화석 시집

목공의 지문

인쇄 2024년 7월 20일
발행 2024년 7월 25일

지은이 허화석
발행인 서정환
펴낸곳 신아출판사
주소 서울특별시 종로구 삼일대로 30길 21. 종로오피스텔 809호
전화 (02) 747-5874, (063) 275-4000, (063) 251-3885
팩스 (063) 274-3131
이메일 sina321@hanmail.net
출판등록 제465-1984-000004호
인쇄 · 제본 신아문예사

저작권자 ⓒ 2024, 허화석
이 책의 저작권은 저자에게 있습니다. 서면에 의한 저자의 허락없이
내용의 일부를 인용하거나 발췌하는 것을 금합니다.
저자와 협의, 인지는 생략합니다.
잘못된 책은 바꿔 드립니다.

ISBN 979-11-94198-08-6 (03810)

값 12,000원

Printed in KOREA